Melissa Meyer-Vogtland (Hrsg.)

Waffeln

toll in Form

BASSERMANN

Immer ein Eisen im Feuer haben ...

Frisch gebackene Waffeln duften immer wieder gut.

Waffeln über Waffeln

Waffeln sind schnell zubereitet und können vielfältig variiert werden. Sie schmecken als Süßspeise entweder solo, mit Puderzucker oder mit Früchten und Eis. Mögen Sie es nicht so süß, nehmen Sie einfach weniger Zucker als eigentlich vorgesehen. Auch pikante Rezepte finden sich hier, die man mal zwischendurch oder sogar als Hauptmahlzeit genießen kann. Raffinierte Beilagenvorschläge am Ende des Buches runden die Rezepte ab.

Geräte

Neben den klassischen Herzwaffeleisen gibt es auch noch spezielle Geräte für Brüsseler Waffeln (rechteckige Form) sowie für Hörnchenwaffeln. Die Rezepte in diesem Buch sind jedoch, bis auf wenige Ausnahmen, für Herzwaffeleisen konzipiert. Bedienen Sie Ihr Eisen am besten entsprechend den Herstellerangaben.

Portionsangaben

Die Anzahl der Waffeln ist immer beim jeweiligen Rezept genannt. Denken Sie aber daran, dass sie je nach Größe Ihres Eisens abweichen kann.

Zeitangaben

Waffeln backen geht schnell und kann eigentlich zu jeder Tageszeit stattfinden. Sie müssen etwa mit 20 Minuten für die Vorbereitungszeit rechnen. Das Backen selbst dauert je nach Eisen und Teigmenge ungefähr 30 Minuten. Nur die Hörnchenwaffeln nehmen mehr Zeit in Anspruch, da der Teig bei einigen Rezepten erst 2 Stunden quellen muss.

Vorbereitung

Zum Einfetten eignen sich ein geschmacksneutrales Öl, Butter oder Margarine. Beschichtete Eisen müssen oft nur einmal zu Beginn des Backens ausgefettet werden. Das ist natürlich äußerst praktisch und spart außerdem noch Fett und damit auch Kalorien.

Tipp zur Aufbewahrung

Wenn Sie Waffeln übrig haben, sollten Sie diese unbedingt einfrieren. Aufgetaut und anschließend kurz aufgebacken schmecken sie wieder ganz frisch.

Info zu Hörnchenwaffeln

Für die dünnen und knusprigen Waffeln braucht man bestimmte Eisen, von denen es inzwischen einige auf dem Markt gibt. Sind Sie ein absoluter Fan dieser Waffelart, werden Sie sicher nicht davor zurückschrecken, für ein solches Eisen etwas tiefer in die Tasche zu greifen.
Hörnchenwaffeln können sofort nach dem Backen zu einer Tüte geformt werden. Sehr gut geht das mithilfe einer Sektflöte, in die man sie dann stellt. Mit Cremes, Eis und/oder Sahne gefüllt schmecken sie einfach köstlich!

Abkürzungen

TL: Teelöffel (gestrichen)
EL: Esslöffel (gestrichen)
Msp.: Messerspitze
l: Liter
ml: Milliliter
cl: Zentiliter
g: Gramm
P.: Päckchen
ca.: circa
Btl.: Beutel

Grundrezepte

Rührteig

ZUTATEN

100 g Butter oder Margarine
100 g Zucker
1 Ei
abgeriebene Schale von 1/2 unbehandelten Zitrone
1/2 P. Vanillezucker
ca. 250 ml Wasser
250 g Mehl
1/2 P. Backpulver

1. Fett, Zucker und Ei cremig rühren. Zitronenschale und Vanillezucker hinzufügen.

2. Nach und nach das Wasser und das mit dem Backpulver vermischte Mehl dazugeben und alles gut verrühren. Der Teig sollte leicht dickflüssig sein.

3. Das Waffeleisen aufheizen, eventuell einfetten und goldgelbe Waffeln backen.

• für ca. 5 Waffeln

Hefeteig

ZUTATEN

1/2 Würfel Hefe
2 EL lauwarme Milch
250 g Mehl
250 g Butter oder Margarine
1 TL Zucker
4 Eier
etwas abgeriebene Schale von 1 unbehandelten Zitrone
330 ml lauwarme Milch

1. Die Hefe in der lauwarmen Milch auflösen und gehen lassen.

2. Das Mehl in eine Schüssel geben und mit der Hefe, dem zerlassenen Fett sowie den übrigen Zutaten zu einem glatten, geschmeidigen Teig verrühren. Dann 20 Minuten gehen lassen.

3. Das Waffeleisen aufheizen, eventuell einfetten und goldgelbe Waffeln backen.

• für ca. 10 Waffeln
• Zeit zum Gehen: 20 Minuten

Feiner Rührteig

ZUTATEN

125 g Butter oder Margarine
1 EL Zucker
4 Eigelb
250 g Mehl
1/4 l Milch
4 Eiweiß
1 Prise Salz
abgeriebene Schale von 1/2 unbehandelten Zitrone

1. Die Butter oder Margarine, den Zucker und die Eigelbe cremig rühren. Abwechselnd das Mehl und die Milch dazugeben und alles gut verrühren.

2. Die Eiweiße steif schlagen und mit dem Salz und der Zitronenschale vorsichtig unter den Teig heben, 20 Minuten quellen lassen.

3. Das Waffeleisen aufheizen, eventuell einfetten und die Waffeln backen.

• für ca. 10 Waffeln
• Quellzeit: 20 Minuten

Feiner Hefeteig

ZUTATEN

375 g Mehl
1/2 Würfel Hefe
100 ml lauwarmes Wasser
75 g Zucker
1 Prise Salz
4 Eier
150 g zerlassene Butter oder Margarine
125 g saure Sahne

1. Das Mehl in eine Schüssel geben. In die Mitte eine Mulde drücken und die Hefe hineinbröckeln. Die Hefe mit Wasser, etwas Zucker und Mehl zu einem Vorteig anrühren und etwa 15 Minuten gehen lassen.

2. Den Vorteig mit dem restlichen Mehl, Zucker und den übrigen Zutaten zu einem glatten Teig verrühren. Anschließend 30 Minuten gehen lassen.

3. Das Waffeleisen aufheizen, eventuell einfetten und goldgelbe Waffeln backen.

• für ca. 8 Waffeln
• Zeit zum Gehen: 45 Minuten

Knusperherzen

Sandwaffeln

ZUTATEN

250 g Butter oder Margarine
abgeriebene Schale von 1/2 unbehandelten Zitrone
200 g Zucker
4 Eier
150 g Speisestärke (z.B. von Mondamin)
150 g Mehl
1 Msp. Backpulver
1 EL Zitronensaft
Fett für das Waffeleisen (z.B. von Mazola)

Sandwaffeln

1. Das weiche Fett in eine Schüssel geben. Zitronenschale, Zucker, Eier, Speisestärke, Mehl und Backpulver hinzufügen und alles mit einem elektrischen Handrührgerät auf der höchsten Stufe gut verrühren.

2. Zuletzt den Zitronensaft unter den Teig rühren.

3. Das Waffeleisen nach Anweisung des Herstellers vorheizen und mit Öl bestreichen. Je 2 EL Teig zu goldbraunen Waffeln backen.

TIPP

Die noch heißen Sandwaffeln nach Belieben mit Puderzucker bestäuben und Früchte dazu reichen. Mit gehackten Pistazien bestreuen.

• *für ca. 10 Waffeln*

Knusperherzen

ZUTATEN

200 g Butter oder Margarine
180 g Zucker
4 Eigelb
125 g Mehl
125 g Stärkemehl
4 Eiweiß

1. Die Butter oder Margarine, den Zucker und die Eigelbe cremig rühren. Dann Mehl und Stärkemehl nach und nach hinzufügen und gut unterrühren.

2. Die Eiweiße steif schlagen und vorsichtig unter den Teig heben. Anschließend das Waffeleisen aufheizen und goldgelbe Waffeln backen.

TIPP

Besonders knusprige, keksartige Waffeln erhält man, wenn man die Waffeln bei niedrigerer Temperatur etwas länger backen lässt.

• *für ca. 8 Waffeln*

Aniswaffeln

Großmutters Waffeln

Großmutters Waffeln

ZUTATEN

200 g Butter oder Margarine
220 g Zucker
4 Eier
etwas abgeriebene Schale von 1 unbehandelten Zitrone
125 g Mehl
125 g Stärkemehl
1 EL Rum

1. Die Butter oder Margarine mit dem Zucker und den Eiern cremig rühren. Die Zitronenschale hinzufügen.

2. Nach und nach das Mehl und das Stärkemehl dazugeben. Den Teig so lange rühren, bis er leicht dickflüssig ist.

3. Zum Schluss den Rum darunter mischen.

4. Das Waffeleisen aufheizen, eventuell einfetten und goldgelbe Waffeln backen.

TIPP

Dazu passt hervorragend der Käse-Rum-Dip, siehe Seite 52.

• *für ca. 8 Waffeln*

Aniswaffeln

ZUTATEN

150 g Butter
70 g Zucker
3 Eigelb
200 g Mehl
1 TL Backpulver
3/8 l Milch
1/2 TL Anispulver
1 Prise Salz
3 Eiweiß

1. Butter, Zucker und Eigelbe cremig rühren. Das Mehl mit dem Backpulver mischen und dazugeben. Dann die Milch hineinschütten. Alles gut miteinander verrühren.

2. Den Anis zusammen mit dem Salz zum Teig geben, gut darunter mischen und den Teig 15 Minuten ruhen lassen.

3. Die Eiweiße steif schlagen, vorsichtig unter den Teig ziehen. Das Waffeleisen vorheizen und einfetten. Goldgelbe Waffeln backen.

TIPP

Dazu passt besonders gut Puderzucker.

• *für ca. 13 Waffeln*
• *Ruhezeit: 15 Minuten*

Gefüllte Sahnewaffeln

Gefüllte Sahnewaffeln

ZUTATEN

250 g weiche Butter

80 g Zucker

1 Btl. Citro-back

(z. B. von Schwartau)

4 Eigelb

100 g Mehl

100 g Speise-stärke

2 TL Back-pulver

200 g Sahne

4 Eiweiß

1 P. Vanille-zucker

Fett für das Waffeleisen

120 g Erdbeer-konfitüre

1 P. dunkle Kuchenglasur

(z. B. von Schwartau)

1 P. Zitro-nenglasur

(z. B. von Schwartau)

1. Butter zusammen mit Zucker und Citro-back schaumig rühren. Die Eigelbe unterrühren. Mehl, Speisestärke sowie Backpulver vermischen, durchsieben und abwechselnd mit der Sahne unter die Butter-Zucker-Masse rühren. Die Eiweiße zusammen mit Vanillezucker steif schlagen und unterziehen.

2. Ein Waffeleisen erhitzen und mit etwas Fett einstreichen. Etwa zwei Esslöffel Teig auf das Eisen geben, etwas glatt streichen, das Eisen schließen und die Waffel goldgelb backen. Diesen Vorgang wiederholen, bis der gesamte Teig aufgebraucht ist. Die Waffeln auf einem Kuchengitter abkühlen lassen.

3. Aus jeder Waffel ein Herz ausschneiden. Die Erdbeerkonfitüre glatt rühren und die Hälfte der Herzen damit bestreichen. Dunkle Glasur und Zitronenglasur nach Packungsanweisung zubereiten. Die restlichen Herzen mit dunkler Glasur überziehen und mit Zitronenglasur verzieren. Die Herzen jeweils zusammensetzen.

• für ca. 25 Waffeln
• Zubereitungszeit: 45 Minuten

Berliner Waffeln

Züricher Waffeln

Berliner Waffeln

ZUTATEN

3 Eier
250 g saure Sahne
1 Prise Salz
2 EL Kümmellikör
200 g Mehl

1. Die Eier schaumig rühren und Sahne, Salz sowie Kümmellikör untermischen. Zum Schluss das Mehl dazugeben.

2. Das Waffeleisen aufheizen, einfetten und goldgelbe Waffeln backen.

TIPP

Dazu passt Puderzucker.

• *für ca. 7 Waffeln*

Züricher Waffeln

ZUTATEN

125 g Butter
3 EL Zucker
Saft und abgeriebene Schale von
1/2 unbehandelten Zitrone
2 große Eier
250 g Mehl
1 TL Backpulver
1/4 l Milch
2 EL saure Sahne

1. Butter und Zucker cremig schlagen. Zitronensaft und -schale sowie die Eier darunter schlagen.

2. Mehl und Backpulver mischen und abwechselnd mit der Milch in den Teig rühren. Die Sahne hinzufügen.

3. Das Waffeleisen aufheizen, ausfetten und goldbraune Waffeln backen.

TIPP

Dazu passt die Schokoladencreme von Seite 52.

• *für ca. 8 Waffeln*

Herzwaffeln mit Rhabarber

ZUTATEN

100 g Butterschmalz

50 g Zucker

2 P. Bourbon-Vanillezucker

1 Prise Salz

etwas abgeriebene Schale von 1 Zitrone

3 Eier

150 g Mehl

50 g Speisestärke

1 TL Backpulver

150–200 ml Buttermilch

500 g Rhabarber

Herzwaffeln mit Rhabarber

1. Weiches Butterschmalz mit Zucker, Vanillezucker, Salz und abgeriebener Zitronenschale verrühren. Dann die Eier nacheinander dazugeben.

2. Mehl, Speisestärke und Backpulver mischen und löffelweise unter die Buttermasse heben, kurz unterrühren. Anschließend erst die Buttermilch unter den Teig rühren.

3. Das Waffeleisen erhitzen und mit etwas flüssigem Butterschmalz auspinseln. Je Waffel zwei bis drei gehäufte Esslöffel Teig in die Mitte des Waffeleisens geben, verteilen und 4 bis 5 Minuten goldgelb backen.

- *für ca. 4 Waffeln*
- *Vorbereitungszeit: 20 Minuten*
- *Zubereitungszeit: 1 Stunde*

4. Den Rhabarber putzen, waschen und in ungefähr 4 Zentimeter dicke, schräge Stücke schneiden. Mit dem Zucker bestreuen und etwa 2 bis 3 Stunden stehen lassen, sodass der Rhabarber Saft zieht.

5. Das Wasser mit der dünn abgeschälten Zitronenschale, der Zimtstange und dem Sternanis aufkochen und 2 Minuten kochen lassen. Den Rhabarber mit dem Saft dazugeben und im geschlossenen Topf bei schwacher Hitze 5 Minuten dünsten.

6. Die Speisestärke mit wenig kaltem Wasser anrühren und den Rhabarbersud damit binden. Danach das Kompott abkühlen lassen.

7. Zum Schluss die Waffeln mit Puderzucker bestäuben und mit dem Rhabarberkompott servieren. Zur Dekoration noch einige Minze-Stiele hinzufügen.

100 g Zucker

50 ml Wasser

1 unbehandelte Zitrone

1 Zimtstange

2 Sternanis

1 EL Speisestärke

Puderzucker zum Bestäuben

einige Minze-Stiele

Aprikosenwaffeln

Aprikosenwaffeln

ZUTATEN

75 g weiche Butter

2 frische Eier

2 EL Zucker

100 g Weizenmehl, Type 405

1 TL Backpulver

100 g Sahne

40 g getrocknete Aprikosen

evtl. Fett für das Waffeleisen

etwas Puderzucker zum Bestäuben

1. Das Waffeleisen nach der Gerätebeschreibung aufheizen. Inzwischen die Butter zusammen mit den Eiern und dem Zucker gut cremig rühren.

2. Das Mehl mit dem Backpulver mischen und zusammen mit der Sahne unter den Teig rühren.

3. Die Aprikosen heiß abwaschen, trockentupfen, in sehr kleine Würfel schneiden und unter den Teig rühren.

4. Das Waffeleisen eventuell fetten. Ein Viertel des Teiges hineingeben und etwas verstreichen. Das Waffeleisen schließen und den Teig zu einer goldgelben Waffel backen. Die Waffel auf ein Kuchengitter legen und mit einem Küchenhandtuch bedecken.

5. Nacheinander aus dem Teig noch weitere 3 Waffeln backen und sie bis zum Servieren unter dem Küchenhandtuch warm halten. Noch warm mit Puderzucker bestäubt servieren.

VARIATION

Für 4 feine Vanillewaffeln werden 65 g weiche Butter mit 1/2 Teelöffel echter gemahlener Vanille (aus dem Reformhaus), 1 bis 2 Esslöffeln Zucker und 2 frischen Eiern verrührt. Dann kommt etwa 125 g Sahne dazu und zuletzt werden etwa 125 g Mehl untergerührt.

TIPP

Zu den Waffeln können Sie cremig geschlagene Sahne reichen. Verfeinern Sie diese, indem Sie geraspelte Schokolade unterheben, und wenn sie nicht für Kinder gedacht ist, etwas Aprikosenschnaps dazugeben.
Heiße Schokolade oder Kaffee runden das Dessert perfekt ab.

- *für ca. 4 Waffeln*
- *Zubereitungszeit: 30 Minuten*

*Mais-
waffeln*

*Bananen-
waffel*

Maiswaffeln

ZUTATEN

200 g Maismehl
3 Eier
50 g zerlassene Butter
1/8 l Milch
1/2 TL Backpulver
3 EL Honig
2 EL Rum
80 g Mandelstifte

1. Alle Zutaten mit Ausnahme der Mandeln zu einem Teig verrühren. Diesen 10 Minuten quellen lassen und die Mandeln dann unterheben. Eventuell noch etwas Milch unterrühren.

2. Das Waffeleisen vorheizen, einfetten und die Waffeln bei mittlerer Hitze goldgelb backen.

TIPP

Dazu passt die Schokosahne, siehe auf Seite 56/57.

• *für ca. 8 Waffeln*
• *Quellzeit: 10 Minuten*

Bananenwaffeln

ZUTATEN

125 g Butter oder Margarine
1 TL flüssiger Honig
1 Prise Salz
4 Eigelb
250 g Mehl
1/4 l Milch
1 reife Banane (ca. 150 g)
Saft von 1/2 Zitrone
4 Eiweiß

1. Fett, Honig, Salz und Eigelbe cremig rühren.

2. Abwechselnd das Mehl und die Milch dazugeben und gut verrühren. Die Banane fein zerdrücken, den Zitronensaft darunter mischen und alles unter den Teig ziehen.

3. Die Eiweiße steif schlagen, vorsichtig unter den Teig heben. Das Waffeleisen aufheizen, eventuell einfetten und goldgelbe Waffeln backen.

TIPP

Dazu passt die Schokoladencreme von Seite 52/53.

• *für ca. 8 Waffeln*

Biskuitwaffeln mit Zimteis und Aprikosen

ZUTATEN

6 Eigelb

3 EL heißes Wasser

100 g Zucker

1 Btl. Citro-back

(z. B. von Schwartau)

100 g Weizen-mehl

50 g Speise-stärke

1 Msp. Back-pulver

6 Eiweiß

Fett für das Waffeleisen

200 g Apriko-senkonfitüre

(z. B. Schwartau EXTRA)

1 P. Vanille-Eis (500 ml)

1 TL Zimt

500 g Apri-kosen,

frisch oder aus der Dose

Vanillesauce

(z. B. Schwartau Sahnesauce)

etwas Schoko-ladenraspeln

(z. B. von Schwartau)

gehackte Pistazien

(z. B. von Schwartau)

Biskuitwaffeln mit Zimteis und Aprikosen

1. Die Eigelbe mit heißem Wasser aufschlagen. Dann nach und nach den Zucker zugeben und so lange schlagen, bis die Masse cremig ist.

2. Citro-back, Mehl, Speisestärke und Backpulver mischen und im Wechsel mit dem geschlagenen Eiweiß unter den Teig rühren.

3. Das Waffeleisen vorheizen, leicht fetten und Waffeln goldgelb backen. Anschließend gut abkühlen lassen.

• *für ca. 6 Waffeln*

4. Die Hälfte der Waffeln mit der erwärmten, durch ein Sieb gestrichenen Aprikosenkonfitüre bestreichen. Danach das Eis leicht antauen lassen, mit dem Zimt verrühren und auf die Waffeln streichen. Nun die anderen Waffelhälften darauf legen.

5. Die Waffeln im Tiefkühlfach fest werden lassen. Portionsweise mit Aprikosen, Vanillesauce, Schokoladenraspeln und Pistazien anrichten.

TIPP

Zur Dekoration ein frisches Pfefferminzblatt dazulegen.

Hörnchenwaffeln „Exquisite“

Hörnchenwaffeln „Exquisite“

ZUTATEN

125 g Butter
250 g Zucker
4–5 Eier
1 Btl. Rum-back
(z. B. von Schwartau)
1 TL Zimt
1 Prise Salz
200 g Weizenmehl
150 g Vanille-Kuvertüre
(z. B. von Schwartau)
500–800 g Erdbeeren
oder andere Beeren

1. Butter und Zucker schaumig rühren. Alle Eier nach und nach dazugeben. Rum-back, Zimt, Salz und Mehl unterrühren.

2. Das Hörnchen-Waffeleisen vorheizen und einfetten. Etwa einen Esslöffel Teig in die Mitte der unteren Backfläche füllen. Gerät schnell schließen und die Griffe zusammendrücken. Waffeln goldgelb backen.

3. Die Hörnchen noch heiß zu Rollen oder Tüten formen und erkalten lassen.

4. Für die Glasur die Kuvertüre nach Packungsanleitung schmelzen lassen. Dann eine Seite der Röllchen oder die Tütenspitze eintauchen und erkalten lassen.

5. Die Erdbeeren waschen, anschließend die Blütenblätter entfernen (einige schöne Erdbeeren für die Dekoration zurücklegen) und die Beeren pürieren.

6. Die Sahne mit Zucker und Sahnesteif schlagen und mit den zerkleinerten Erdbeeren mischen. Nun die Röllchen oder Tüten mit der Erdbeersahne füllen, auf Portionsteller mit je zwei Scheiben Fürst-Pückler-Eis, Erdbeeren, Erdbeersauce und Erdbeerblättern anrichten.

TIPP

Die restlichen Waffeln lassen sich gut in einer Blechdose aufbewahren.

• *für ca. 20–25 Waffeln*

250 g Schlagsahne
Zucker nach Geschmack
evtl. 1 Btl. Sahnesteif
1 P. Fürst-Pückler-Eis (500 ml)
einige Erdbeerblätter
1 Fl. Erdbeersauce
(z. B. von Schwartau)

Sandwaffeln mit Kirschwasser

Mandelwaffeln

Sandwaffeln mit Kirschwasser

ZUTATEN

200 g Butter
oder
Margarine
150 g Zucker
4 Eier
150 g Mehl
100 g Stärkemehl
2 cl Kirschwasser
oder Cognac

1. Butter oder Margarine, Zucker und Eier cremig rühren.

2. Nach und nach das Mehl sowie das Stärkemehl dazugeben und das Kirschwasser oder den Cognac darunter rühren.

3. Den Teig so lange rühren, bis er leicht dickflüssig ist.

4. Das Waffeleisen aufheizen, eventuell einfetten und goldgelbe Waffeln backen.

TIPP

Dazu passt Früchtesalat, entweder frisch und selbst gemacht (siehe dazu Rezept auf der Seite 50) oder aus der Dose.

• *für ca. 8 Waffeln*

Mandelwaffeln

ZUTATEN

100 g Butter
oder
Margarine
6 EL Zucker
6 Eier
100 g gemahlene Mandeln
200 g Mehl
1 TL Backpulver
2 EL Rum
4–6 Tropfen Bittermandelöl

1. Die Butter oder Margarine mit dem Zucker und den Eiern cremig rühren. Die Mandeln hinzufügen und darunter rühren.

2. Dann das Mehl mit dem Backpulver dazugeben und cremig rühren.

3. Zum Schluss den Rum und das Bittermandelöl unter den Teig rühren. Das Waffeleisen aufheizen, eventuell einfetten und goldgelbe Waffeln backen.

TIPP

Dazu passt der Käse-Rum-Dip von Seite 52.

• *für ca. 8 Waffeln*

Waffel mit saurer Sahne

Buttermilch-waffeln

Waffeln mit saurer Sahne

ZUTATEN

6 Eigelb

200 g saure Sahne

2 cl Rum

250 g Mehl

6 Eiweiß

1. Die Eigelbe mit der sauren Sahne schaumig schlagen. Den Rum hinzufügen. Nach und nach das Mehl darunter rühren.

2. Die Eiweiße steif schlagen und unter den Teig heben. Das Waffeleisen aufheizen, eventuell einfetten und knusprige Waffeln backen.

TIPP

Dazu passen am besten Zucker und Zimt.

• *für ca. 9 Waffeln*

Buttermilchwaffeln

ZUTATEN

125 g Butter

4 Eier

240 g Mehl

2 TL Backpulver

knapp 3/8 l Buttermilch

1 Prise Salz

1 EL Zucker

1. Die Butter und die Eier cremig rühren. Mehl und Backpulver mischen und abwechselnd mit der Buttermilch zum Teig geben. Alles gut verrühren.

2. Zum Schluss Salz und Zucker unter den Teig heben.

3. Ein Waffeleisen vorheizen, gut einfetten und goldgelbe Waffeln backen.

TIPP

Dazu passen Kirschen, die man noch mit Zimt verfeinern kann.

• *für ca. 10 Waffeln*

Haferflocken-waffeln

Buchweizen-waffeln

Buchweizenwaffeln

ZUTATEN

40 g Hefe
300 ml Milch
250 g Buchweizenmehl
100 g Weizenvollkornmehl
2 Eigelb
2 TL Honig
1 Prise Salz
2 Eiweiß

1. Die Hefe in der lauwarmen Milch auflösen, das Buchweizenvollkornmehl mit der Hefemilch verrühren, abdecken und etwa 1 Stunde gehen lassen.

2. Danach Weizenvollkornmehl, Eigelbe, Honig und Salz dazugeben. Alle Zutaten verrühren, abdecken und noch mal etwa 30 Minuten gehen lassen.

3. Die Eiweiße steif schlagen und vorsichtig unter den Teig heben. Das Waffeleisen aufheizen, eventuell einfetten und goldgelbe Waffeln backen.

TIPP

Dazu passt Apfelkompott mit Zimt.

• für ca. 8 Waffeln
• Zeit zum Gehen 90 Minuten

Haferflockenwaffeln

ZUTATEN

125 g kernige Haferflocken
ca. 1/4 l Buttermilch
1 EL Akazienhonig
100 g weiche Butter
2 Eier
etwas abgeriebene Schale von 1 unbehandelten Zitrone
1 Prise Meersalz

1. Die Haferflocken mit der Buttermilch übergießen und mindestens 2 Stunden quellen lassen.

2. Dann Honig und Butter darunter rühren. Die Eier hinzufügen und mit einkneten.

3. Ist der Teig zu dick, noch so viel Buttermilch untermischen, bis er zähflüssig wird. Den Teig mit Zitronenschale und Meersalz abschmecken.

4. Das Waffeleisen einfetten. Goldgelbe Waffeln backen und noch heiß servieren.

TIPP

Dazu passt Fruchtsalat, entweder selbst gemacht (siehe Seite 50) oder aus der Dose.

• für ca. 6 Waffeln
• Quellzeit 2 Stunden

Vanillewaffeln

Honigwaffel

Honigwaffeln

ZUTATEN

125 g Butter oder Margarine
3 EL Honig
1 P. Vanillezucker
2 Eier
1 Prise Salz
250 g Mehl
1/2 TL Backpulver
1/4 l Milch

1. Die Butter oder Margarine mit Honig, Vanillezucker, Eiern und Salz schaumig rühren. Das Mehl mit dem Backpulver vermischen und abwechselnd mit der Milch unterrühren.

2. Das Waffeleisen vorheizen und einfetten. Goldgelbe Waffeln backen und noch warm servieren.

TIPP

Dazu passt die Zitronencreme von Seite 56.

• *für ca. 9 Waffeln*

Vanillewaffeln

ZUTATEN

1 Ei
100 g Zucker
Mark von 1/2 Vanilleschote
1/2 P. Vanillepuddingpulver
1 Eiweiß
200 g Mehl
150 g Sahne

1. Das Ei trennen. Den Zucker mit dem Eigelb sahnig rühren. Das Vanillemark und das Vanillepuddingpulver hinzufügen. Das Eiweiß zu Eischnee schlagen und darunter ziehen.

2. Abwechselnd Mehl und Sahne unterrühren. Den Teig locker und schaumig rühren.

3. Das Waffeleisen aufheizen, eventuell einfetten und goldgelbe Waffeln backen.

TIPP

Dazu passt die Vanillecreme von Seite 54.

• *für ca. 5 Waffeln*

Vollkornwaffeln

ZUTATEN

100 g Weizenvollkornmehl

1/4 Würfel Hefe

2 TL Honig

125 ml lauwarme Milch

3 EL Butter

1 Msp. Zimtpulver

1 kleines Ei

1 TL Sonnenblumenöl

für das Waffeleisen

100 g Quark (20 % Fett)

Saft von 1/2 Zitrone

100 g frische Erdbeeren

1. Das Mehl in eine Schüssel geben und in die Mitte eine Mulde drücken. Die Hefe hineinbröckeln, die Hälfte des Honigs und einen Teil der Milch hinzufügen. Die Zutaten in der Mulde zu einem dicken Brei verrühren und diesen etwa 10 Minuten zugedeckt an einem warmen Ort gehen lassen.

• für ca. 4 Waffeln
• Zubereitungszeit 90 Minuten
• Zeit zum Gehen 40 Minuten

2. Sobald sich der Vorteig verdoppelt hat, die restliche Milch, die Butter, das Zimtpulver sowie das Ei dazugeben und das Ganze zu einem glatten Teig verarbeiten. Diesen nochmals etwa 30 Minuten zugedeckt an einem warmen Ort ruhen lassen.

3. Dann in vier gleich große Stücke teilen. Ein Waffeleisen erhitzen, mit Öl bestreichen und die vier Teigstücke jeweils zu Waffeln backen.

4. Den Quark mit dem Zitronensaft und dem restlichen Honig glatt rühren, in einen Spritzbeutel füllen und die Creme als Muster auf die Waffeln spritzen. Die Erdbeeren waschen, putzen, halbieren und auf dem Quark verteilen.

Vollkornwaffeln

Weißweinwaffeln

ZUTATEN

65 g Butter oder Margarine
4 EL Zucker
5 Eigelb
160 g Mehl
1 EL Sahne
1/8 l trockener Weißwein
5 Eiweiß

1. Die Butter oder Margarine mit dem Zucker und den Eigelben cremig rühren. Mehl und Sahne hinzufügen und unter ständigem Rühren den Weißwein dazugeben. Alles schaumig rühren.

2. Die Eiweiße steif schlagen und vorsichtig unter den Teig heben. Das Waffeleisen aufheizen, eventuell einfetten und goldgelbe Waffeln backen.

TIPP

Dazu passt entweder eine süße Creme oder ein pikanter Dip, siehe dazu die Rezepte ab Seite 52.

• für ca. 7 Waffeln

Rotweinwaffeln

ZUTATEN

75 g Butter oder Margarine
75 g Zucker
2 Msp. Zimt
5 Eier
160 g Mehl
2 EL Schokoladenraspeln
1/8 l trockener Rotwein
5 Eiweiße

1. Die Butter oder Margarine mit Zucker und Zimt cremig rühren. Die Eier trennen und die Eigelbe dazugeben.

2. Das Mehl, die Schokoladenraspeln und den Wein unterrühren. Alles zu einem glatten Teig verarbeiten.

3. Die Eiweiße steif schlagen und vorsichtig unterheben.

4. Das Waffeleisen vorheizen, eventuell einfetten und Waffeln backen.

TIPP

Dazu passt die Schokosahne, siehe Seite 54.

• für ca. 9 Waffeln

Rotweinwaffeln

Weißweinwaffeln

Käse-Kräuter-Waffeln

ZUTATEN

100 g Margarine
(z. B. Sanella)
3 Eier
1/2 TL Salz
1 Msp. Backpulver
250 g Mehl
knapp 1/4 l Wasser
100 g geriebener mittelalter Gouda
2 EL gehackte Petersilie
1 Glas Brotaufstrich Tomate-Paprika
(z. B. von Yofresh)
200 g luftgetrockneter Schinken
12 Sherrytomaten
glatte Petersilie zum Garnieren

1. Die Margarine mit den Eiern und dem Salz schaumig schlagen.

2. Das mit Backpulver gemischte Mehl und das Wasser gleichmäßig unterrühren.

3. Zum Schluss den Käse und die Petersilie hinzufügen.

4. Nacheinander 12 Waffeln in einem vorgeheizten beschichteten Waffeleisen in etwa 3 Minuten goldbraun backen.

5. Die Waffeln mit jeweils einem Klacks Brotaufstrich Tomate-Paprika sowie mit Schinken anrichten. Mit Tomatenhälften und glatter Petersilie garniert servieren.

• für ca. 12 Waffeln
• Zubereitungszeit 40 Minuten

Speckwaffeln

ZUTATEN

100 g gewürfelter, durchwachsener Speck
3 Eier
1/4 l Milch
125 g Sahne
200 g Mehl
1 TL Backpulver
etwas Salz
etwas Paprika

1. Den Speck in einer Pfanne auslassen. Eier, Milch und Sahne verquirlen.

2. Mehl und Backpulver mischen und unter kräftigem Rühren zur Eiermilch geben. Den Teig mit Salz und Paprika abschmecken. Anschließend den Speck unter den Teig mischen.

3. Das Waffeleisen aufheizen, gut einfetten und goldgelbe Waffeln backen.

TIPP

Dazu passt Frühlingsquark, entweder selbst angemacht (siehe Seite 58) oder fertig gekauft.

• für ca. 7 Waffeln

Käse-Kräuter-Waffeln

Speckwaffel

Dreikornwaffeln

ZUTATEN

2 Eier
100 g Weizenvollkornmehl
75 g Roggenmehl
75 g Dinkelmehl
1 TL Backpulver
1/4 l Milch
1/2 TL Salz
2 Eiweiße

1. Die Eier trennen. Das gesamte Mehl mit dem Backpulver mischen. Eigelbe, Milch und Salz dazugeben und unterrühren. Die Eiweiße steif schlagen und unterziehen.

2. Den Teig etwa 20 Minuten quellen lassen.

3. Das Waffeleisen aufheizen, eventuell einfetten und goldgelbe Waffeln backen.

TIPP

Dazu passt ein pikanter Dip oder Quark, siehe ab Seite 58, oder ein bereits fertig angerührter Tsatsiki aus der Kühltheke Ihres Supermarkts.

• für ca. 5 Waffeln
• Quellzeit: 20 Minuten

Parmesanwaffeln

ZUTATEN

4 Eigelb
100 g Butter
200 g Mehl
1 TL Backpulver
1/4 l Milch
8 EL geriebener Parmesankäse
1 Prise Salz
1/2 TL feiner getrockneter Oregano
4 Eiweiß

1. Die Eier trennen. Dann Butter und Eigelbe cremig rühren.

2. Abwechselnd Mehl und Backpulver sowie die Milch dazugeben und gut unterrühren. Parmesan, Salz und Oregano unter den Teig ziehen.

3. Die Eiweiße steif schlagen und unter den Teig heben.

4. Das Waffeleisen aufheizen, eventuell einfetten und goldgelbe Waffeln backen.

TIPP

Dazu passt Quark mit Basilikum, siehe Seite 62.

• für ca. 7 Waffeln

Dreikornwaffeln

Parmesanwaffel

Waffeln mit Kressequark

ZUTATEN

250 g saure Sahne
4 Eier
4–6 EL Vollkornmehl
50 g Butter oder ungehärtete Pflanzenmargarine
Meersalz
frisch gemahlener Pfeffer
1 Prise Muskat
1 Bund Schnittlauch

150 g Magerquark
1 Tasse Crème fraîche
2 EL mittelscharfer Senf
2 EL eingelegte grüne Pfefferkörner
Saft von 1 Zitrone
einige Spritzer Worcestersauce
1 Prise Zucker
1 Kästchen Kresse
4 Tomaten

1. Die saure Sahne mit den Eiern, dem Mehl und der Butter verrühren.

2. Mit Meersalz, Pfeffer und dem Muskat würzen und den fein gehackten Schnittlauch unterziehen.

3. Portionsweise auf ein Waffeleisen geben und backen.

4. Herausnehmen und warm stellen.

5. Den Magerquark mit der Crème fraîche, dem Senf, den grünen Pfefferkörnern und dem Zitronensaft glatt rühren.

6. Mit Worcestersauce, Meersalz, Pfeffer und dem Zucker abschmecken.

7. Die verlesene, fein gehackte Kresse unter den Quark mischen.

8. Die enthäuteten und in Scheiben geschnittenen Tomaten auf den Waffeln anrichten.

9. Den Quark darauf verteilen und servieren.

•für ca. 4 Waffeln

Waffeln mit Kressequark

Kräuterwaffeln

ZUTATEN

4 Eier
200 g Butter
300 g Mehl
2 TL Backpulver
1/8 l Mineralwasser
1/2 geriebene Zwiebel
je 1/2 TL gehackte Petersilie, Dill, Liebstöckel, Rosmarin, Thymian, Zitronenmelisse
Salz, Pfeffer
4 Eiweiße

1. Die Eier trennen und die Eigelbe mit der Butter cremig rühren.

2. Mehl und Backpulver mischen und abwechselnd mit dem Mineralwasser unter den Teig geben.

3. Zwiebel und Kräuter unter den Teig geben.

4. Die Eiweiße steif schlagen, dann vorsichtig unter den Teig heben. Das Waffeleisen aufheizen, einfetten und goldgelbe Waffeln backen.

TIPP

Dazu passt gut Quark mit Dill von Seite 62.

• für ca. 10 Waffeln

Käsewaffeln

ZUTATEN

100 g Butter oder Margarine
3 Eier
1/2 TL Salz
200 g Mehl
1/2 TL Backpulver
4 EL Magermilch
6 EL geriebener Gouda oder Emmentaler
1 Prise Paprika

1. Butter oder Margarine schaumig rühren, Eier und Salz dazugeben. Das Mehl mit dem Backpulver unterrühren.

2. Milch, Käse und Paprika unter den Teig ziehen.

3. Das Waffeleisen vorheizen, einfetten und Waffeln backen. Warm servieren.

TIPP

Dazu passt Quark mit Dill, siehe dazu Seite 62.

• für ca. 5 Waffeln

Kräuterwaffeln

Käsewaffel

Reiswaffeln

ZUTATEN

125 g Milchreis

1/2 l Gemüsebrühe

4 Eigelb

50 g Semmelbrösel

1 Prise Salz

50 g feine Schinkenwürfel

4 Eiweiß

1. Den Reis in der Brühe aufkochen und bei niedriger Temperatur unter Rühren ausquellen. Anschließend gut abkühlen lassen.

2. Die Eigelbe schaumig rühren. Semmelbrösel und Salz hinzufügen. Reis und Schinken dazugeben und alles gut verrühren.

3. Die Eiweiße steif schlagen und unter den Teig heben.

4. Das Waffeleisen aufheizen, eventuell einfetten und die Waffeln goldgelb backen.

TIPP

Dazu passt der Schinken-Mandel-Dip von Seite 60.

• für ca. 7 Waffeln

Kartoffelwaffeln

1. Kartoffeln, Zwiebel, Eier, Salz, saure Sahne und Kräuter mischen.

2. Das Mehl dazugeben und die Flüssigkeit damit binden.

3. Das Waffeleisen aufheizen, einfetten und goldgelbe Waffeln backen.

TIPP

Dazu passt Quark mit Schnittlauch von Seite 58.

• für ca. 6 Waffeln

ZUTATEN

450 g rohe geriebene Kartoffeln

1 geriebene mittelgroße Zwiebel

3 Eier

1 Prise Salz

2 EL saure Sahne

3 EL frische fein gehackte Kräuter

75 g Mehl

Kartoffelwaffeln

Reiswaffeln

Schinkenwaffeln

ZUTATEN

125 g Butter oder Margarine
4 Eier
200 g Mehl
1/2 TL Backpulver
1/8 l lauwarmes Wasser
100 g gekochter Schinken in feinen Streifen
1 Prise Salz
1 Msp. Pfeffer
1/4 TL Majoran

1. Die Butter oder Margarine mit den Eiern cremig rühren.

2. Mehl und Backpulver mischen und abwechselnd mit dem Wasser unterrühren.

3. Schinken, Salz, Pfeffer und Majoran unter den Teig ziehen.

4. Das Waffeleisen aufheizen, eventuell einfetten und goldgelbe Waffeln backen.

TIPP

Dazu passt der Schinken-Mandel-Dip von Seite 60.

• *für ca. 6 Waffeln*

Paprikawaffeln

ZUTATEN

125 g Butter oder Margarine
3 Eier
250 g Mehl
1 TL Backpulver
1 Prise Salz
1/8 l kühle Gemüsebrühe
1 rote Paprikaschote in kleinen Würfeln
1 EL Schnittlauchröllchen
1 EL gehackter Dill
1 EL gehackte glatte Petersilie
1 EL Kresseblättchen

1. Die Butter oder Margarine mit den Eiern cremig schlagen. Mehl, Backpulver und Salz mischen und abwechselnd mit der Brühe unterrühren.

2. Die Paprikawürfel mit den Kräutern unter den Teig mischen.

3. Das Waffeleisen aufheizen, eventuell einfetten und goldgelbe Waffeln backen.

TIPP

Dazu passt gut Frühlingsquark, entweder frisch angemacht (siehe auf Seite 58) oder fertig gekauft.

• *für ca. 6 Waffeln*

Paprikawaffeln

Schinkenwaffel

Käsewaffeln mit Tomatengemüse

ZUTATEN

100 g Margarine
(z. B. Sanella)
3 Eier
1/2 TL Salz
1 Msp. Backpulver
250 g Mehl
1/8 l Wasser
1/8 l Sahne
100 g Emmentaler Hartkäse
(z. B. von Milkana)

1. Margarine, Eier und Salz schaumig schlagen. Das mit Backpulver vermischte Mehl, Wasser und Sahne gleichmäßig unterrühren.

2. Den Käse fein reiben und zum Schluss hinzufügen. Anschließend den Teig etwa 15 Minuten quellen lassen.

3. Inzwischen für die Sauce die Tomaten überbrühen, enthäuten, halbieren, entkernen und in Würfel schneiden. Die Zwiebel und die Knoblauchzehe fein hacken.

• für ca. 8 Waffeln
• Zubereitungszeit: 25 Minuten
• Quellzeit: 15 Minuten

4. Das Öl in einem Topf erhitzen und die Zwiebel- und Knoblauchwürfel darin glasig dünsten. Dann die Tomaten dazufügen und ungefähr 7 Minuten bei mittlerer Hitze schmoren. Das Tomatengemüse mit Salz und Pfeffer würzig abschmecken, danach den Schnittlauch waschen, in Röllchen schneiden und unterheben.

5. Aus dem Teig nacheinander in einem gefetteten, vorgeheizten Waffeleisen acht Käsewaffeln in jeweils 2 bis 3 Minuten goldbraun backen. Die Waffeln möglichst sofort mit dem Tomatengemüse servieren.

1 kg Tomaten
1 Zwiebel
1 Knoblauchzehe
3 EL Olivenöl
Salz
weißer Pfeffer
1 Bund Schnittlauch

Käsewaffeln mit Tomatengemüse

Fruchtsalat „Exotique“

ZUTATEN

100 g frische Litschis
2 Kiwis
1 kleine Mango
1 kleine Banane
2 EL Zitronensaft
1 EL Puderzucker
1 unbehandelte Orange
40 g Marzipanrohmasse
100 ml Milch

1. Die Litschis rundherum bis auf die Kerne einritzen und die harten Außenschalen entfernen. Die Früchte öffnen und die Kerne herauslösen.

2. Die Kiwis schälen und in dünne Scheiben schneiden. Ebenso die Mango schälen und das Fruchtfleisch in Spalten vom Kern abschneiden.

3. Die Banane schälen und schräg in dünne Scheiben schneiden. Diese sofort mit dem Zitronensaft beträufeln, damit sie sich nicht verfärben.

4. Alle vorbereiteten Früchte vorsichtig mischen, mit dem Puderzucker bestäuben und zugedeckt für etwa 1 Stunde kühl stellen.

5. Inzwischen für die Sauce die Orange heiß abwaschen und abtrocknen. Die Schale abreiben und anschließend den Saft auspressen.

• für 4 Portionen
• Zubereitungszeit: 30 Minuten
• Kühlzeit: 1 Stunde

6. Das Marzipan mithilfe einer Gabel weich kneten. Die Masse zusammen mit dem Orangensaft und der Orangenschale verquirlen und dann die Milch darunter rühren.

7. Zum Servieren die Marzipansauce auf Teller gießen und den Fruchtsalat dekorativ darauf anrichten.

VARIATION

Statt auf der Marzipansauce können Sie den Salat auch sehr gut auf cremig gerührtem Vanilleeis anrichten.

TIPP

Runden Sie den Fruchtsalat mit leicht zerbröselten Mandelmakronen ab, die Sie einfach über den Salat streuen. Wenn Sie dazu ein besonderes Getränk anbieten möchten, passt ein Cocktail aus Ananassaft und trockenem Sekt sehr gut. Servieren Sie ihn mit Eiswürfeln.
Nicht jederzeit und überall werden frische Litschis angeboten. Es gibt sie aber auch in Dosen.

Fruchtsalat „Exotique“

Schokoladencreme

ZUTATEN

100 g Nougat

100 g Zartbitterschokolade

2 EL Rum

125 g Sahne

1. Nougat und Schokolade im Wasserbad auflösen. Dann Rum und Sahne darunter schlagen.

2. Die Schokoladencreme abkühlen lassen und als Dip zu den frischen Waffeln reichen.

• für ca. 8 Portionen

Käse-Rum-Dip

ZUTATEN

4 EL gehackte Haselnüsse

4 EL Schokoladenraspel

2 cl Rum

200 g Hüttenkäse

etwas Zucker

1. Haselnüsse, Schokoladenraspel und Rum unter den Hüttenkäse rühren.

2. Die Creme mit etwas Zucker süßen und zu den frischen Waffeln reichen.

• für ca. 6 Portionen

Käse-Rum-Dip

Schokoladencreme

Vanillecreme

ZUTATEN

2 EL Zucker

Mark von $^{1}/_{2}$ Vanilleschote

etwas abgeriebene Schale von

1 unbehandelten Zitrone

250 g Sahne

1. Zucker, Vanillemark und Zitronenschale miteinander mischen.

2. Die Sahne steif schlagen und den Vanillezucker dabei einrieseln lassen. Die Sahne auf die Waffeln spritzen.

• *für ca. 6 Portionen*

Schokosahne

ZUTATEN

250 g Sahne

100 g Mandelsplitterschokolade

50 g Doppelrahmkäse

1 EL Kirschlikör

1. Die Sahne steif schlagen.

2. Danach die Schokolade im Wasserbad schmelzen. Den Frischkäse mit einer Gabel zerdrücken und mit dem Likör darunter rühren.

3. Die Schokomasse vorsichtig unter die Sahne heben. Diese dann zu den Waffeln reichen.

• *für ca. 8 Portionen*

Schokosahne

Vanillecreme

Zitronencreme

ZUTATEN

250 g Sahne
3 EL Zucker
abgeriebene Schale und Saft von 1 unbehandelten Zitrone

1. Die Sahne mit dem Zucker sehr steif schlagen. Anschließend die Zitronenschale und den Saft vorsichtig darunter ziehen.

2. Die Zitronencreme zu den frischen Waffeln reichen.

• *für ca. 8 Portionen*

Orangencreme

ZUTATEN

250 g Sahne
etwas abgeriebene Schale und Saft von 1 kleinen unbehandelten Orange
etwas Vanillezucker

1. Die Sahne steif schlagen. Orangenschale und -saft vorsichtig darunter ziehen.

2. Alles mit etwas Vanillezucker süßen und zu den frischen Waffeln reichen.

• *für ca. 6 Portionen*

Zitronencreme

Orangencreme

ZUTATEN

300 g Magerquark

7 EL Milch (1,5 % Fett)

2 EL Leinöl

1/2 kleine Salatgurke in Würfeln

6 Radieschen in Würfeln

3 Frühlingszwiebeln in feinen Ringen

1 kleiner Apfel in Würfeln

1 EL fein gehackte Petersilie

1 EL fein gehackter Dill

etwas Salz

frisch gemahlener Pfeffer

Frühlingsquark

1. Den Quark mit Milch und Öl glatt rühren. Das gehackte Gemüse, die Apfelwürfel und die Kräuter darunter mischen.

2. Den Frühlingsquark mit Salz und Pfeffer abschmecken und als Dip zu den frischen Waffeln reichen.

• *für ca. 8 Portionen*

Schnittlauchquark

1. Den Quark mit Sahne, Paprika und Schnittlauch glatt rühren.

2. Mit Salz und Pfeffer abschmecken und den Schnittlauchquark zu den frischen Waffeln reichen.

• *für ca. 6 Portionen*

ZUTATEN

200 g Magerquark

3 EL Sahne

1/2 TL Paprikapulver

4 EL Schnittlauchröllchen

etwas Salz

etwas frisch gemahlener Pfeffer

Schnittlauchquark

Frühlingsquark

Schinken-Mandel-Dip

ZUTATEN

150 g Crème fraîche

1–2 EL Milch

75 g geriebene Mandeln

etwas Salz

etwas frisch gemahlener weißer Pfeffer

einige Tropfen Tabasco

75 g fein gewürfelter gekochter Schinken

2 EL Kresseblättchen

1. Die Crème fraîche mit Milch, Mandeln, Salz, Pfeffer und Tabasco glatt rühren.

2. Den Schnittlauch und die Kresse darunter ziehen. Den fertigen Dip zu den frischen Waffeln reichen.

• *für ca. 6 Portionen*

Oliven-Salami-Dip

ZUTATEN

200 g Doppelrahmfrischkäse

2 EL weiche Butter

1 Knoblauchzehe

etwas Salz

etwas schwarzer Pfeffer

75 g fein gewürfelte Salami

6 fein gewürfelte grüne Oliven

1. Den Frischkäse mit der Butter kräftig verrühren. Die Knoblauchzehe dazupressen und nun mit Salz und Pfeffer gut abschmecken.

2. Salami und Oliven darunter ziehen. Den Salami-Oliven-Dip zu den frischen Waffeln reichen.

• *für ca. 6 Portionen*

Schinken-Mandel-Dip

Oliven-Salami-Dip

Basilikumquark

ZUTATEN

200 g Sahnequark

2 EL Magermilch

2 EL fein gehacktes Basilikum

1 Knoblauchzehe

etwas Salz

etwas frisch gemahlener Pfeffer

1. Den Quark mit der Milch und dem Basilikum glatt rühren.

2. Den Knoblauch dazupressen. Den Basilikumquark mit Salz und Pfeffer abschmecken und anschließend zu den frischen Waffeln reichen.

• *für ca. 6 Portionen*

Dillquark

ZUTATEN

200 g Sahnequark

1/2 EL fein gehackte Zwiebel

2 EL fein gehackter Dill

1/4 TL Paprikapulver, edelsüß

2 EL Milch

etwas Salz

etwas frisch gemahlener Pfeffer

1. Den Quark mit der Zwiebel, dem Dill, dem Paprika und der Milch verrühren.

2. Anschließend den Dillquark nun mit Salz und Pfeffer abschmecken und zu den frischen Waffeln reichen.

• *für ca. 6 Portionen*

Basilikumquark ***Dillquark***

Rezeptverzeichnis

Der Text dieses Buches entspricht den Regeln der neuen deutschen Rechtschreibung.

ISBN 3 8094 0582 5

Umschlaggestaltung: Peter Udo Pinzer
Titelbild: TLC-Foto-Studio GmbH, Velen-Ramsdorf
Fotos: M. Brauner: Seiten 16, 51; **CMA Butterschmalz**: Seite 14; **Yofresh**: Seite 37; **Milkana**: Seite 49; **Mondamin**: Seite 6 unten; **Schwartauer Werke**: Seiten 10, 20, 22; **M. Wissing**: Seite 33; alle übrigen: **TLC-Foto-Studio GmbH**
Layout: Ulrike Selders, Köln
Redaktion: Simone Hoffmann
Herstellung: Anke Sprey

Gesamtkonzeption: Bassermann'sche Verlagsbuchhandlung, D-65527 Niedernhausen/Ts.

817 2635 4453 62